Lk⁷1466

ADMINISTRATION

ET

JURIDICTION MUNICIPALES

DE LA COMMUNE

DE BRUYÈRES

Du XIIe au XVIIIe siècle.

ÉLECTIONS.

LAON

IMPRIMERIE DE ÉD. FLEURY, RUE SÉRURIER, 22.

1860

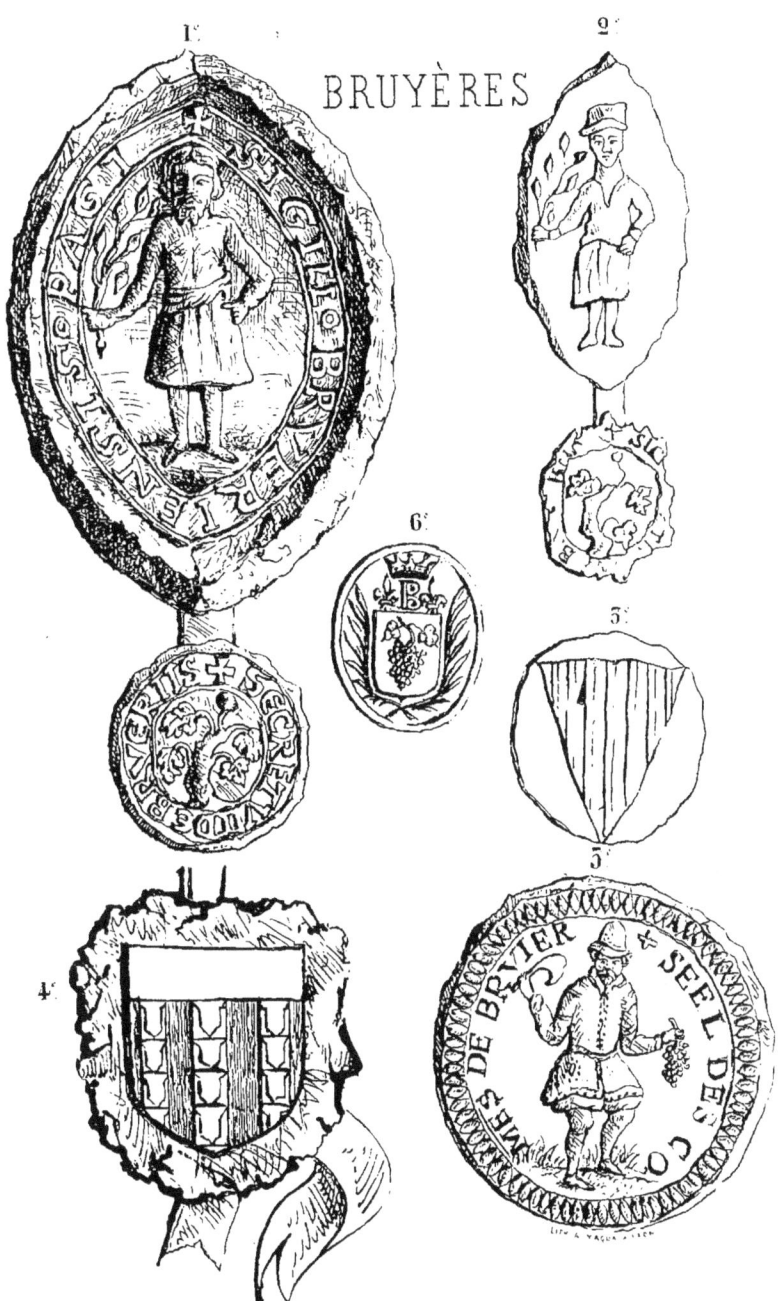

1° Sceau et Contre-Sceau des XII° et XIII° Siècles. – 2° Sceau et Contre-Sceau du XIV° Siècle. arch. Impér. – 3° Sceau de Jehan de Seris, escuier (1289) arch. Impér. – 4° Sceau de Adam de Compri (1297). 5° Sceau des XVI° et XVII° Siècles. 6° Timbre de la Justice du XVII° au XVIII° Siècles.

ADMINISTRATION
ET
JURIDICTION MUNICIPALES
DE
LA COMMUNE DE BRUYÈRES
DU XIIe AU XVIIIe SIÈCLE.

I.

Le Laonnois, la Thiérache et le Vermandois ont été particulièrement livrés à tous les abus de la féodalité. Courbés sous le joug de leurs seigneurs, les habitants de ces tristes contrées étaient main-mortables et ne connaissaient que la captivité la plus avilissante. Ils étaient, disait-on, attachés à la glèbe; on les revendiquait lorsqu'ils passaient dans un pays autre que celui de leur naissance. Assimilés aux animaux domestiques, ils étaient pour leurs maîtres, tantôt des objets de commerce, tantôt les instruments aveugles de leur ambition et de leurs vengeances. Ils ne pouvaient contracter mariage sans le consentement de leurs oppresseurs et parfois ils devaient se soumettre à des conditions dures et flétrissantes. Les enfants n'héritaient pas de leurs pères ; les biens péniblement acquis par ceux-ci retournaient au seigneur. Les populations, dans leur détresse, portaient-elles plainte à l'autorité royale (1), on les accusait de rébellion et les châtiments ou la mort en faisait prompte justice. Mais si les rois se décidaient eux-mêmes à employer la force pour les protéger, ils se voyaient repoussés par la ligue de ces despotes.

Cependant les bourgeois des villes et les manants *(manere, habiter)* des campagnes grossissaient silencieusement leurs pécules, tandis que les grands se livraient sans frein à tous les excès du despotisme ; ils s'associaient peu à peu en corps politique et se comptaient. Le jour vint, où confiants en leur force, ils regardèrent les oppresseurs en face et marchandèrent leur soumission.

Au XIIe siècle, le réveil fut général. Jusque-là les villes et les bourgades se trouvaient sans police, sans défense contre la tyrannie des seigneurs. Elles demandèrent à grands cris le droit d'avoir des juges et d'élire des magistrats chargés de la direction des affaires communes et du repos public. Ces privilèges ne leur furent octroyés le plus souvent qu'après des luttes longues et sanglantes, ou à prix d'argent. Dès lors la sûreté des personnes et des biens fut assurée ; les droits d'aubaine, les servitudes de morte-main et de fors-mariage furent abolis ; une redevance modérée envers les anciens seigneurs fut fixée d'une manière définitive par la charte. Cette dette acquittée, la commune s'administre comme elle l'entend, choisit ses magistrats, dégrève, ou charge son budget, attaque et défend en justice, arme sa milice et fortifie son enceinte. Elle use du droit d'appeler les habitants aux assemblées pacifiques ou guerrières au son de la cloche du beffroi et de sceller ses actes de ses propres armes (2).

La commune de Bruyères, calquée sur celle de Laon, mais plus heureuse que celle-ci, fut pacifiquement établie par le roi (1130), du consentement du seigneur Clarembaut du Marché

---

(1) Voy. appel au roi. (Cap. III, ann. 812, cap. 2.)

(2) Voy. *Bulletin de la Soc. Acad. de Laon*, p. 163, tome 2. Sceau de la commune de Bruyères.

et de l'évêque de Laon, en récompense peut-être des services que la milice de Bruyères avait rendus à la royauté, en la soutenant énergiquement contre la féodalité (en 1094, 1104, 1115, 1119, enfin en 1130) (1). La charte, ayant étendu à Chérêt, à Vorges et à Valbon le bénéfice d'affranchissement, ces villages devinrent par là les membres d'un même corps fédératif, dont Bruyères fut le chef-lieu. Nous ignorons si dès l'origine ces villages eurent des maires particuliers. Ces officiers, du reste, ne s'occupaient que de police et d'administration intérieure ; ils ne pouvaient faire la moindre transaction sans la coopération du mayeur et des jurés de Bruyères, sous la dépendance desquels ils étaient en quelque sorte (2).

Les magistrats, préposés aux intérêts de la commune, étaient désignés ordinairement par les noms de mayeur et jurés *(major et jurati)*, rarement de consuls (3), quelquefois

(1) Les membres de la milice de Bruyères avaient pris le nom de *Leups*. Ils se montrèrent si redoutables aux ennemis de la commune, que le nom de *Loups* est resté aux habitants. D'après la tradition, le caractère de ceux-ci était violent et indomptable ; aussi les collecteurs de taxes y couraient de grands dangers. Le chapitre de Laon les nommait d'office parmi les chanoines, à la pluralité des voix et leur accordait une forte indemnité. Elle était de 20 livres parisis (520 fr.) pour Bruyères et de cent sols laonisiens (65 fr. seulement pour Laon et ses alentours. Un Simon de Vendeuil était chargé de percevoir la taxe à Bruyères en 1182. *(Cart. du Chap. de N.-D. de Laon.)*
Voy. Mandement et publication de la franchise des Leups. XIIIe siècle.
(Arch. communales.)
(2) Voy. : Arrêt de la cour, 1111, qui établit que Bruyères est la principale ville de la commune et le siège du gouvernement d'icelle ;
Comptes présentés aux officiers de la justice de Bruyères par le syndic de la paroisse de Vorges en 1620, 1631, 1640, 1693, 1694, 1697, 1775, etc. ;
Transaction entre les maire et jurés de Bruyères et les maire et syndic de Vorges, sur les droits de lods et ventes, 1662 ;
Publications du ban de vendanges par le maire de Bruyères, à Chérêt le 2 octobre 1698, à Vorges le 3 octobre 1698, le 24 septembre 1715, etc.
Destruction des animaux nuisibles ; le maire paie, en 1682, 4 livres 4 sous pour loup et renards tués à Chérêt, et en 1703, 2 livres 10 sous pour renards détruits dans cette localité. *(Arch. communales.)*
(3) Voyez novembre 1335. Accord entre l'évêque et les consuls de la commune : les hommes de corps de l'évêché ne pourront être pris à Bruyères

d'échevins *(scabini)* et plus tard de maire-juge ou de premier échevin.

Le mayeur tenait le premier rang; en cas d'absence, il était remplacé par un officier appelé *lieutenant du mayeur*. Il réunissait à la fois les fonctions de juge et celles d'administrateur. Sa justice, haute, basse et moyenne, s'étendait sur Chérêt, Vorges et Valbon. Nul habitant ne pouvait être cité au dehors de la commune, hormis le cas de sacrilége (1). Aussi voyons-nous les réclamations du village de Vorges rejetées dans les circonstances suivantes : un homme de Bruyères, *Vaissot-Cadon*, avait tué *Wauthier*, le *charnier* de Vorges, dans une de ces *mêlées* si fréquentes entre ces deux localités, par suite d'une haine héréditaire. Le coupable, par ordre du mayeur de Bruyères, est renfermé dans la prison de la commune, pour y attendre son jugement. Mais les habitants de Vorges, se défiant de l'impartialité des juges de la commune, en appellent au prévôt de Laon. Celui-ci donne ordre d'écrouer le prisonnier dans la geôle de cette ville et fait défense aux mayeur et jurés d'instruire le procès. Ils en appellent à leur tour au bailli de Vermandois. Le grand bailli, par sentence du 11 août 1341, décide que, malgré l'opposition du prévôt, la *connaissance, correction, pugnition des homicides fais es termes de la commune, en fait de chaudemerlée*, appartiennent aux mayeur et jurés, en vertu de leurs *chartes, priviléges et arrêts* (2).

Nul ne pouvait être arrêté sur le territoire de la commune par les officiers de justice des seigneurs du voisinage. Il y avait cependant exception pour les hommes de corps de l'évêché,

---

qu'en flagrant délit. *Arch. imp.*, cab. des ch. roul. du Parl., 1er cart. p. 98. Encore : sect. jud. Parl. de Paris. Accords. Cart. 2. Lettres du prévôt de Paris.

(1) En vertu d'un jugement rendu le 5 novembre 1709, par les maire et jurés, contre un habitant qui avait soustrait le linge de l'autel *St-Troncin*, l'affaire est renvoyée devant les officiers du bailliage, attendu le sacrilége.
(Arch. communales.)

(2) Voy. encore une sentence du 21 août 1366, contre un habitant de Vorges qui déclinait la justice de Bruyères et s'était pourvu directement au bailliage de Laon. *(Arch. communales.)*

arrêtés à Bruyères dans une émeute Ils devaient être livrés aux officiers de l'évêque, en vertu de lettres-patentes du roi, de mars 1282 (1). Par suite de transactions, les habitants de la commune furent francs et exempts de tous arrêts entre les rivières de la Serre et de l'Aisne (2).

Le mayeur, assisté des jurés, pouvait prononcer la confiscation des biens au profit de la commune, ou leur destruction complète, la peine de la privation des droits coutumiers, la peine du talion, ou le rachat de celle-ci à prix d'argent, le bannissement, ou la condamnation à mort pour cause d'homicide. Ainsi, d'après un arrêt du parlement (13 février 1332), un Jacob Luce avait été banni du territoire et un nommé Cloutet enterré vif, tous deux pour crime de meurtre. Le parlement, consulté sur la question de savoir si les maire et jurés n'avaient pas abusé de leurs privilèges, répond négativement et déclare qu'ils n'ont pas encouru de peine (3). En 1359, Nicaise de

---

(1) Voy. contre le chapitre : lettre de l'arrest de Corbelet de Bruyères, arrêté à Laon par le sergent du Cloître en 1372. Il sera remis aux officiers de justice de la commune. (*Arch. communales.*)

(Tout étranger pouvait acquérir la qualité de communier, par un an et un jour de domicile, pourvu que son seigneur n'ait fait aucune réclamation. Il était dès-lors affranchi du droit de fors-mariage et de morte-main et ne reconnaissait d'autre justice que celle de la commune.

1398. Procès à l'occasion du décès de Griset de Bruyères, né hors du royaume. (*Arch. communales.*)

(2) Charte du 26 novembre 1371, confirmant cette franchise. Guillaume de Monchâlons, agissant aux nom et place de noble homme Morel, seigneur de Parfondru, décédé sans héritiers, reconnaît illégale l'arrestation par ses gens de Gilles li Pages de Bruyères.

Sentence du 20 février 1411, du bailli de Vermandois, contre Thomas de Souppy, qui avait porté atteinte à cette franchise en arrêtant Simonette, *feme Goudemant, portant peaulx de sourris, lièvres et aultres bestes*, et en exigeant d'elle une somme d'argent pour un prétendu droit de *winage ou aultre servitude, pour ce quelle passoit et repassoit par les détroits et terres de Souppy, en retournant en la ville de Bruyères.* (*Arch. communales.*)

(3) Voy. la charte de 1130. Voy. Lettres, du 13 janvier 1332, de Philippe de Valois, maintenant les maire et jurés dans leurs droits de justice.

(*Arch. communales.*)

Voy. encore Lettres du roi, de novembre 1221. (*Arch. communales.*)

Marbois (de Bruyères), avait *tué et occis en la dite commune Jacquemart de l'Isle*. Le mayeur, *haut justicier*, le fait *mettre en prison*, pour le juger et lui appliquer la *punicion*, qu'à l'exemple *des maire, jurés et habitans de la commune de Laon, ou temps que commune y avoit*, les magistrats de Bruyères *usoient de ainsi enfouir un home tout vif, qui avoit fait homicide*. Mais le bailli de Vermandois fait *défendre que le dit Nicaise ne soit justicier* par les officiers de Bruyères et le fait *prenre en leur prison* et *admener à Laon*. Les mayeur et jurés supplient alors le régent du royaume de les maintenir en possession de leur charte et priviléges « esquels, entre autres choses, est contenu et de ce
» en saisine sont, que se aucun bat ou navre et se aucun est
» trouvé coupable, il doie rendre chief pour chief, membre
» pour membre, à l'arbitraige des maire et jurés, selon la
» qualité du meffait. » Le régent défend au bailli de troubler *à l'avenir et empêcher eulx en leur saisine, à tort, sans cause indûment* (1).

Nous passerons sous silence d'autres arrêts du même genre, prononcés dans le cours du moyen-âge, pour arriver à une sentence du 7 décembre 1676, contre Marguerite Meurice, coupable d'infanticide, et contre ses père et mère. En voici un extrait : « Nous maire, etc., ordonnons que Marguerite Meu-
» rice soit condamnée, nue tête et à genoux et la corde au cou,
» faire amende honorable au-devant de la grande porte de
» l'église de Bruyères, où elle sera conduite par l'exécuteur
» de la haute-justice; où étant et ayant une torche ardente en
» la main, du poids d'une livre, elle demandera pardon à Dieu,
» à la commune de Bruyères et à sa justice du fait énorme et
» exécrable par elle commis, pour ensuite être menée et con-
» duite aux lieu et place publique du dit Bruyères en une po-
» tence, qui y sera plantée, pour y être pendue et étranglée
» par le même exécuteur, tant que mort s'en suive; et à l'égard
» des dits Meurice, ses père et mère, qu'ils seront bannis à
» perpétuité des terres de la dite commune, avec injonction

(2) Arch. communales

» de garder leur ban, sous peine de la hart, et qu'en outre ils
» seront condamnés solidairement en l'amende de 1,000 livres
» envers la commune du dit Bruyères et leurs biens confisqués
» au profit de qui appartiendra, sur iceulx préalablement sera
» prise la dite amende (1). »

Enfin nous mentionnerons encore une sentence du 24 septembre 1781, contre Claude l'Herminier, notaire royal, condamné à faire amende honorable, à sortir du royaume, à voir ses biens confisqués et à payer 4,400 livres d'amendes pour malversations, abus et contraventions au préjudice de la ville et des particuliers (1).

La commune conserva donc jusqu'à la révolution ses droits de haute justice. Elle avait, comme marque de sa puissance seigneuriale, un pilori et un carcan, solidement scellés à la façade de l'hôtel de ville. On voyait en outre, à l'angle formé par la rencontre du chemin de Parfondru et de la voie qui mène au Mont du Champ de Pie, une borne appelée la pierre *bannissoire*. C'était là que les bannis étaient conduits pour entendre la sentence. Les fourches patibulaires se dressaient encore menaçantes vers 1565, sur la limite des territoires de Bruyères et d'Athies, du côté de Lavergny.

L'autorité de la commune, en la personne des maire et jurés, relevait directement du roi. C'était toujours le maire de Bruyères qui donnait l'investiture des biens vendus dans toute l'étendue de la commune; aucune vente de meubles, provenant de succession, n'avait lieu sans son ordonnance (2). C'était comme une sorte de république au milieu du royaume.

---

(1) Arch. *communales*.
(2) Extrait d'un acte de vente du 12 novembre 1545 :
« Comparut en sa personne Antoine Bourgeois, demourant à Bruyères, agé
» de 21 ans ou environ, usant de ses droits, et recognut que pour son prouf-
» fict faire pour soy aller à l'escolle à Paris, si come il disoit, il avoit, par
» ces présentes, bien justement et légalement vendu, cédé, transporté,
» quicté, délaissé, renoncé dès maintenant à toujours à honeste homme
» Jehan de May, tanneur à Laon, une pièce de vigne..... contenant 2 hom-
» mées ou environ.... moyennant la somme de 46 livres tournois, payées par

Le maire devait, outre les soins de la justice, veiller à l'entretien des murs, des rues, des fontaines, des monuments, à la conservation des biens communaux et des établissements de bienfaisance (1). Il avait le droit, avec l'assistance des jurés, d'élever des fortifications, d'établir des taxes, de lever des impôts, de vendre, de transiger au profit de la commune. Nous avons réuni à ce sujet une quarantaine de titres d'acquisitions et de transactions des xiie, xiiie et xive siècles, qui sont le plus bel éloge de l'administration municipale de Bruyères au moyen-âge. Ils sont la preuve de l'esprit de suite qui l'anima de siècle en siècle et des progrès incessants qu'elle fit vers son complet affranchissement.

En effet, la commune, à peine instituée, déploya la plus grande énergie, s'imposa les plus lourds sacrifices pour éteindre ses redevances et affranchir le sol des droits seigneuriaux que possédaient nobles, bourgeois ou communautés religieuses. Car les habitants de la commune, malgré leur charte, étaient

---

» le dit acheteur au dit vendeur en or et argent, compté et nombré en la
» présence de moy notaire et des témoins soubscripts...... Du quel héritaige
» le dit vendeur s'est aujourd'huy dévestu, démis et désaisi par fust et baston,
» par devant et ès mains de Jehan de l'Escluse, maire de la ville et commune
» de Bruyères, Simon Lamy, procureur d'office, et Lambert Vieillard, avant
» juré en la dite justice ; et du consentement du dit vendeur et par la tradi-
» tion d'un petit baston, icellui vendeur en fut vestu, saisi et mis en saisine ;
» et pour ce faire, reçurent les dits officiers leurs droits en tels cas accoustumés, etc. » *(Arch. communales.)*

Un acte de donation d'une vigne, fait en 1163 au profit de l'église de Bruyères, renferme ces détails intéressants : *Ego Radulfus de...... obtuli eam solemniter super altare, ramo et cespite, coram majore et juratis*, etc. Ainsi dans les donations faites aux établissements religieux, l'on déposait avec pompe sur l'autel le rameau, le baton, la terre, le gazon ou tout autre chose par laquelle s'opérait la tradition.

(Notes de l'abbé de L., ancien curé de Presles.)

(1) Ce ne fut que le 6 juillet 1674 et après de longues résistances, que la commune abandonna l'administration de la maladrerie.(*Arch. des hosp. de Laon.*) En 1695, elle se vit encore enlever son Hôtel-Dieu qui fut réuni à celui de Laon ; mais elle garda les biens de l'aumônerie, moins quelques-uns, qu'elle fut obligée d'aliéner pour subvenir à des dépenses pressantes.

loin d'être seuls seigneurs et maîtres chez eux. Clarembaud, seigneur en partie de Bruyères, Chérêt, Vorges et Valbon, n'avait pu affranchir que les vassaux soumis à son autorité, et encore avait-il conservé le titre de seigneur de Bruyères, titre qui devint le nom patronymique d'une branche de ses descendants. Les autres seigneurs qui occupaient le pays ne s'étaient pas dessaisis de leurs droits. Il fallut entrer en arrangement avec chacun d'eux. Nous citerons sommairement les principaux :

En première ligne, les chevaliers de Montchâlons, seigneurs dominants de la contrée. (Actes de 1232, 1268, 1273, etc.)(1);

Les sires de Parfondru (1339, 1371);

Les seigneurs d'Aulnoy (1170, 1489);

Les chevaliers de Bruyères (de 1130 à 1361);

Les chevaliers de Chérêt, appelés *moines rouges* par la tradition;

Les seigneurs { Hugues de Nouvion, Robert de Bourguignon, Jean de Dunes, dont les fiefs étaient entre Bruyères et Monchâlons, Athies et Parfondru, Lavergny et le terroir des Templiers d'Ardon. L'acte de cession au profit de la commune est daté de 1237 (1).

En 1221, une dame *Gilette de Vervins* cède à la commune un domaine, près de la léproserie, avec haute, basse et moyenne justice (1).

En 1238, Milon de Besu, de Soissons, chevalier, vend le tiers des droits de vinage, de terrage et de justice qu'il tenait en fief du vicomte de Laon, au lieudit *les Potez* à Vorges. Les deux autres tiers appartenaient aux chevaliers du Temple (1).

En 1239, Marie, veuve de Gobert Doudoiez, bourgeois de Laon, cède, moyennant cent quinze livres parisis, à la communauté de Bruyères, la moitié du roage et de la vicomté de Bruyères, acquise pendant son mariage de Gobert de Malval, citoyen de Laon. Ce fief dépendait de Messire Nicolas, cheva-

(1) *rch. communales de Bruyères.*

lier de Loizy, qui donne son consentement (1). Beaudouin de Loizy, vend l'autre moitié à la commune en 1245.

Roger de Rozoy possédait de grands biens à Bruyères, Vorges, Chérêt, Chéréguel, Montbéraut et Martigny, consistant entre autres choses en dîmes, droits de cens et de justice, hommes de corps et vinager. Il les cède, en 1247, à l'évêque de Laon qui retient le tiers du prix de vente comme seigneur domanial (2).

Clarembaud de Chivres, beau-frère de Pierre, chevalier de Bruyères, s'intitulait, en 1269, seigneur du *Mont de Parmaille* et de toute la côte plantée de vignes (1). En 1288, un Gobert avait le titre de seigneur de Vorges et de Chéréguel (1). En 1289, Jehan de Seris, écuyer, vend au roi les droits de justice et seigneurie qu'il possédait du chef de Béatrix, sa femme, sur Bruyères et Athies (3). Une partie de ce domaine, appelée la *Folie en Breuil*, fut cédée par Philippe-le-Bel à l'abbaye de Saint-Martin de Laon, puis vendue, en 1291, à la commune, moyennant 1,000 livres tournois payées comptant. La commune avait acheté l'autre partie au roi, au prix de 5,000 livres tournois, vers 1290.

Il y avait encore une foule de petits fiefs tenus par Jehan de Loisy, seigneur de Monampteuil, 1147; Beaudouin de Gonesse, 1140 (4); Jehan de Saint-Anstrude et messire Nicole de Vignoir, vers 1308; Tassin de Biamin, dont le nom figure en 1386 dans un dénombrement de la châtellenie de Monchâlons; Guillaume, dit le *Concierge de Chérêt*, possédait en 1311, à Vorges, la *Mairie le Roy* (5); messire Eustève, chevalier, seigneur de Renansart, 1429, etc., etc.

(1) *Arch. communales.*
(2) *Arch. de la Préfecture de l'Aisne.*
(3) *Arch. imp.*, sect. hist. J. 229, n° 21. — *Arch. commun. de Bruyères.*
(4) Ces deux seigneurs se trouvaient aux obsèques de Gérard, vidame de Laon, parmi les personnages qui escortaient l'évêque Barthélemy et les deux archidiacres, 1140.
(5) Ce fief, vendu aux Pères Minimes de Laon, puis aux religieux de Saint-Nicolas, fut ensuite cédé à la commune moyennant 26 livres de cens, avec droit de faire à Vorges mayeur et échevins, droits de plaids et amende.

(Arch. communales.)

Puis venaient les religieux de Sainte-Geneviève, de Saint-Nicolas, la commanderie de Puisieux, le chapitre de Notre-Dame de Laon, les abbayes de Saint-Martin et de Saint-Vincent.

Comme on le voit, la contrée, malgré son peu d'étendue, était divisée entre un certain nombre de petits seigneurs; de sorte qu'une seule maison pouvait être tenue de plusieurs seigneuries à la fois.

L'administration communale parvint non-seulement à réunir toutes les seigneuries foncières et les justices de son territoire, mais même à les soustraire à toute suzeraineté. Elle les possédait comme des francs-alleux féodaux; ce qui suppose une concession formelle du roi. Nous en trouvons la trace dans une reconnaissance de Philippe-le-Bel, de 2,000 livres payées pour droits de justice. Elle eut l'habileté, à mesure que l'opération s'effectuait, de ne pas déclarer franches de droits féodaux les propriétés dont elle acquérait la seigneurie; si elle eût agi autrement, les forains auraient partagé une franchise qu'ils n'avaient pas acquise, et la commune n'entendait travailler que pour elle-même. Elle était si jalouse de ses priviléges qu'elle ne voulait permettre à aucun étranger d'acquérir des biens sur son territoire. Les habitants de Laon ne parvinrent à s'affranchir complètement de cette prohibition exorbitante qu'en 1262 (1). La perception des droits féodaux au profit de la commune aidait celle-ci à subvenir à ses charges. C'était donc tout à la fois un acte de justice et de bonne administration, que d'effacer l'inégalité qui existait entre les biens d'une même commune et d'affranchir de la domination étrangère ceux qui y restaient encore soumis. Ce but atteint, les communiers de Bruyères purent se dire avec un légitime orgueil:

« Il n'y a chez nous de seigneur que nous-mêmes (2). »

---

(1) Tom. 1ᵉʳ des *Olim*, pag. 546.

(2) La nomenclature des seigneurs de Bruyères du XIIᵉ au XVIIIᵉ siècle est assez longue; mais à leur égard s'appliquait rigoureusement la maxime *fief et justice n'ont rien de commun*. Les seigneurs, dont la liste est renvoyée à

Cette seigneurie, qu'elle ne partageait avec qui que ce fût, lui avait procuré un autre avantage non moins précieux. La juridiction que la charte de 1130 leur accordait, n'était pas plus étendue que celle de Laon, et cependant les communiers de Bruyères étaient parvenus à avoir toute puissance sur leur territoire. Il arrivait que leurs causes fussent portées au bailliage royal; mais c'était en vertu du droit de présentation que ce siége exerçait sur toutes les juridictions du ressort. En effet, la plénitude de la justice émanant de l'autorité royale, au roi revenait le droit formidable de juger les justices. Les justiciables de Bruyères essayèrent de se soustraire complètement à cette juridiction souveraine; mais deux arrêts de 1269 et 1271 les obligèrent de subir les appels de la cour de Laon (1). Ne se tenant pas pour battus, ils résistent énergiquement et nous les retrouvons quelques années plus tard obtenant de Philippe-le-Bel le droit de ne pas être tenus de se rendre aux appels de Laon, à moins de cas extraordinaires (2).

On pense bien que si les magistrats de la commune se montraient si soigneux d'étendre leur juridiction contentieuse (3), ils furent aussi très-attentifs à ne pas la laisser entamer. De là leur empressement à la soustraire à l'abus des *appeaux frivoles et volages* (4). Ils en obtinrent l'exemption par lettres du mois d'août 1340, moyennant une rente annuelle de 2 sols parisis par feu, que les habitants payaient au roi (5).

la fin de cette notice, ne possédaient généralement que de simples fiefs ou *fiefs-en-l'air*, c'est-à-dire ne consistant qu'en mouvances et en censives.
(Voy. pag. 26 et suiv.)

(1) Tom. 1ᵉʳ des *Olim*, pag. 769 et 875.

(2) Deux minutes d'un acte non daté de Philippe-le-Bel. — *Arch. imp.* A, 1ʳᵉ sect. hist. *Trésor des Ch.*, J. 233, nᵒˢ 40 et 41.

(3) La commune paie, en 1295, 2,000 livres tournois, pour ses droits de justice. (*Mémoire contre la duchesse de Narbonne*, 1789.)

(4) Nom qu'on donnait aux appels.

(5) Notes manuscrites de de Vismes. — Voyez encore une charte de décembre 1295, en vertu de laquelle les habitants de Bruyères sont exemptés des appeaux volages. (*Bibl. de la ville de Laon.*)

Autre charte de février 1295 sur la même matière.

Petit cartul. de l'évêché. — *Arch. de la Préfecture de l'Aisne.*

II.

L'élection des magistrats de la commune avait lieu chaque année le lendemain de la Pentecôte, malgré l'ordonnance de 1256. Saint Louis, voulant régulariser le service municipal et introduire un système d'unité par tout le royaume, avait réglé la matière en cinq articles : 1° l'élection des maires aura lieu le lendemain de la fête de saint Simon, saint Jude (vers le 17 novembre); 2° ils rendront compte à Paris de la situation financière de la commune pendant les octaves de la saint Martin; 3° les communes ne pourront, sans l'autorisation royale, prêter ni faire de présent, *hors vin en potz ou bariz ;* 4° les maires, voyageant pour les affaires publiques, observeront la plus grande économie et ne seront assistés que d'un procureur et d'un greffier. Enfin les deniers publics seront renfermés dans la *huche commune* et celui qui est chargé de la dépense n'aura jamais plus de 20 livres à sa disposition.

Les communes étaient trop jalouses de leurs droits pour exécuter avec empressement cette ordonnance. Aussi continuèrent-elles de faire leurs élections d'après les anciennes traditions. L'article 2 rencontra moins de résistance : Noyon et Chauny se décident à rendre leurs comptes en 1259; Vailly, Crépy-en-Laonnois, Compiègne attendent jusqu'en 1260 ; l'hésitation de Saint-Quentin, de Senlis, de Laon, de Braye, de Cerny-en-Laonnois, de Bruyères, ne cède qu'en 1261 ou 1262. Sur le registre *noster* de la chambre des comptes se trouve l'état de Bruyères-en-Laonnois, fourni par le mayeur Delluin en termes laconiques et de mauvaise grâce (1).

Les officiers de la commune pouvaient être continués dans leurs fonctions plusieurs années de suite et choisis parmi les communiers, de quelque condition qu'ils fussent. Ce dernier

---

(1) *Arch. imp.* Mémoriaux de la ch. des comptes, t. 1, pag. 748. Cote P, 2288.

privilége fut contesté en 1337; mais le bailli de Vermandois, par son ordonnance du 24 mai 1338, considérant que la commune « ne se pooit maintenir et bonement être gouvernée, à
» cause de l'insuffisance de ses ressources, maintint les habi-
» tants dans leur droit d'élire maieur, jurés et gouverneurs de
» telles gens et de sy faictes personnes, come dessus est dit,
» c'est assavoir de clercs, de frères, de cousins-germains, de
» secourges et de gens de condicion....; excepté que deux
» frères ne soient mis, ly ung maire et ly autre juré ensemble,
» mais bien faient de l'un maieur ou juré et l'autre mettent s'il
» leur plait en aucun des autres offices (1). »

Les électeurs formaient plusieurs colléges : ceux du chef-lieu se réunissaient dans quatre quartiers : celui de la porte de Reims, celui de la porte d'Hommée, celui des Marais, celui des Tilleuls.

Les électeurs de Chérêt, de Vorges et de Valbon s'assemblaient dans leur village pour élire leurs jurés, dont le nombre était ordinairement de deux ou de trois pour Chérêt et de quatre ou cinq pour Vorges.

Le jour des élections, le mayeur, assisté de plusieurs officiers municipaux, se rendait à l'assemblée générale des habitants de la commune. Le procureur fiscal faisait publiquement la remontrance que de temps immémorial les habitants étaient en droit de se rassembler au son de la cloche et avaient coutume de procéder le lendemain de la Pentecôte à la nomination du mayeur, des jurés et des autres officiers de la commune. Puis le maire, escorté du greffier, du procureur et des sergents, se transportait dans les diverses sections, où les délégués des corporations et les *communs*, ou habitants de la commune, se réunissaient sur la convocation des capitaines de quartier, appelés autrefois *mayeur d'enseignes*. Il leur faisait prêter serment de procéder fidèlement au choix et à la nomination de six jurés par quartier.

(1) Voy. Confirmation de l'élection des maire, jurés et gouverneurs de Bruyères, le lendemain de la Pentecôte, 24 mai 1338. (*Arch. communales.*)
Voy. encore sur la mairie de Bruyères, tom. 1ᵉʳ des *Olim*, pag. 875.

Nous copions mot à mot dans un registre d'élections municipales de 1502 à 1620, les anciennes formules en usage (1) :

« Vous qui est commun levès la main ;

» Vous et ung chacun de vous jurès Dieu nostre père créa-
» teur, sur la part que prétendès en paradis, que bien et juste-
» ment à vostre povoir vous exercerès les droicts, franchises
» et liberté de la dicte ville et commune, le droict de l'église,
» de la malasdrie, de l'hostel-Dieu, de l'hosmone. Toutteffois
» que voirès gens ou bestes faisant domaiges, vous en ferès
» votre rapport et visiterès le domaige pour le rendre à partye
» et sy aiderès aujourd'hui à eslire les maire et officiers à
» vostre conscience et aussy garderès et tiendrès le secret de
» la cour, sans le dire à aultruy ; et tout ce quy est licite et
» ydoine de faire à ung chacun de vous, audit office de commun,
» vous le ferès et aussy le jurès. »

Les élections se faisaient avec une grande célérité. Les jurés, élus à Bruyères et dans les villages de Chérêt, Vorges et Valbon, se présentaient, aussitôt après leur élection, à la maison-commune du chef-lieu et prenaient place sur les bancs qui leur étaient assignés dans la chambre du conseil.

Le maire recevait d'eux le serment en ces termes :

« Messieurs les jurès levès la main,

» Vous et ung chacun de vous jurès Dieu nostre père
» créateur, crèsme et baptesme, qu'avès rapporté des saincts
» fonds, que vous garderès et exercerès l'office de jurès le plus
» justement que povrès ; vous garderès aussy les droicts, fran-
» chises et libertés de la dicte ville et commune, les droicts de
» l'église, la malasdrie, l'hostel-Dieu, l'homosne ; toutteffois
» que vous oirès la cloche sonner hors heure, vous y assiste-
» rès pour donner conseil, confort et ayde à justice ; et gar-
» derès les droicts des femmes velves, des orphelins ; et en
» plus garderès et tiendrès le secret de la cour, sans le dire à
» aultruy. Et là où vous voirès gens ou bestes faisant domaiges,

(1) Arch. communales.

» vous en ferès votre rapport et visiterès le domaige pour le
» rendre à partye ; et tout ce quy est licite de faire à ung juré,
» vous le ferès et aussy vous le jurès. »

Les jurés, ayant prêté serment, procédaient aussitôt, par la voie du scrutin et billets clos, à la nomination du nouveau maire, de son lieutenant, de l'avant-juré de Bruyères, du procureur d'office, du greffier, du receveur, des maîtres de l'église, de l'hôtel-Dieu, de l'aumône, de la maladrerie, des sergents. A cet effet, les jurés de chaque quartier se retiraient à l'écart et délibéraient entre eux, mais sans communiquer avec ceux des autres quartiers. Les jurés, venus de Chérêt, de Vorges et de Valbon, agissaient de même, sans se confondre.

Séance tenante on nommait les jurés des *plaids*, c'est-à-dire ceux qui étaient chargés de défendre les causes appelées devant le tribunal de la commune ; puis les jurés du *buffet*....(?) On choisissait encore une commission de notables, pour la garde des clefs du présidial ; on nommait les sonneurs de cloche, les crieurs de vin, et on relevait sur le registre le nom des maîtres des corporations.

Le résultat du scrutin était annoncé en ces termes par le procureur d'office à la foule qui avait envahi la salle du conseil :

« Messieurs,

» Vous savez que, de sy longtemps qu'il n'est mémoire du
» contraire, les feus roys, que Dieu absolve, et celuy quy est
» à présent, à quy Dieu donne bonne vye et longue, nous ont
» fondé en corps et en commune. C'est assavoir Bruyères,
» Vorges, Chérêt et Saint-Pierre-en-Valbon, et que par chacun
» an, en tel jour, qui est aujourd'huy, avons coustume des-
» lire ung maire et les officiers au dict Bruyères pour le gou-
» vernement d'icelle, dont ceste année avons eslu pour maire...
» pour lieutenant.... pour avant-juré.... pour jurés, etc. Des
» quels nous prétendons croire qu'ils seront et feront tout pour
» conserver les droicts et franchises et libertés de la dicte
» commune et ville de Bruyères. »

Le maire, nouvellement proclamé, prêtait ensuite serment, selon la formule lue par le procureur d'office :

« Monsieur le maire levès la main,

« Vous jurès Dieu, nostre père créateur, crèsme et bap-
» tesme, qu'avès rapporté des saincts fonds, seur le péril et
» dapnation de vostre âme, que bien et justement vous garde-
» rès les droicts, franchises et libertés des femmes vefves et
» orphèlins. Et aussy ne ferès nul jugement, sans appeler les
» jurès vos compaignons. Et sy ferès droit aussy bien aux ri-
» ches comme aux pauvres gens et aux pauvres gens comme
» aux riches. Et surtout, ce quy est licite à un bon juge de faire,
» vous le ferès et aussy vous le jurès.

La séance était terminée par l'allocution du maire :

« Messieurs,

» Je vous remercy de l'honneur qu'il vous a pleu de m'avoir
» eslu maire pour ceste année et aussy d'avoir eslu mon lieu-
» tenant, auquel je prye que vous luy portyes autant d'honneur
» en mon absence que en ma présence.

» Je prye aussy tous gens de mestier de vendre à bon poid
» et bonne mesure et que chacun se garde de mesprendre. »

Ce système d'élection à deux degrés, si fréquent au moyen-âge, était en rapport avec la nature essentiellement démocratique des communes. Il donnait à tous, marchands, bourgeois, artisans, hommes de loi, le moyen d'exercer leurs droits de cité avec connaissance de cause. Ainsi ceux que leur ignorance écartait des affaires publiques nommaient pour jurés des hommes probes et éclairés. Ces derniers choisissaient parmi eux ceux qui paraissaient les plus capables d'être maire, lieutenant, procureur, receveur, etc. Ainsi se formait le corps municipal. Les jurés composaient le conseil, et les derniers officiers élus le bureau. Dans les circonstances graves, la majeure partie des habitants notables s'adjoignait au corps municipal qui se formait alors en conseil général de la commune. Ces élections étaient entourées de toutes les garanties désirables. Il n'y avait pas alors d'ambition, d'esprit de parti; on avait, avant tout, besoin d'une administration libre, forte et laborieuse, s'occupant du bien public avec sollicitude, tout en veillant aux intérêts des particuliers. A chacun était tracée la ligne de ses devoirs. Electeurs et élus, tous convaincus, comme on l'était jadis, que Dieu punissait le parjure, juraient de remplir fidèlement leurs obligations, en prenant à témoin ce qu'il y a de plus sacré et en engageant leur part en paradis. Qu'il y a loin de ce respect de la foi jurée, de cet acte solennel, au serment banal du XIXe siècle !

La charge de mayeur n'était pas gratuite dans l'origine. Nous trouvons dans le registre qui nous a fourni ces détails la mention des sommes d'argent en marge et en regard des noms des officiers municipaux. C'est généralement :

8 liv. pour le maire ;
4   pour le lieutenant ;
6   pour le procureur d'office ;
6   pour le greffier ;
4   pour chacun des sergents de Bruyères ;
6   pour les sergents de Vorges ;
4   pour le sergent de Chérêt ;
6   pour le maître de l'aumône ;
4   pour le maître de l'hôtel-Dieu ;
4   pour le maître de la maladrerie.

Ce seraient là des honoraires bien modestes ; mais relativement à la pauvreté des habitants et au bas prix des choses nécessaires à la vie, pendant le cours des XIIe, XIIIe et XIVe siècles, ils représentaient encore une certaine valeur (1). On

(1) La monnaie d'autrefois représentait une valeur beaucoup plus grande que celle d'aujourd'hui ; les denrées étaient à bas prix et par suite les salaires peu élevés. Ainsi une livre valait de 36 à 26 francs de notre monnaie pendant le cours du XIIe siècle ; au XIIIe siècle, de 25 à 19 fr. ; au XIVe, elle était tombée à 5 fr. ; au commencement du XVe, elle ne valait plus que 4 fr. environ.

A la fin du XIVe siècle, un taureau coûtait 50 sols ; un veau, 3 s. ; 30 agneaux, 10 s. ; 300 fagots, 13 s. ; 300 harengs, 5 s. ; un septier de pois, 2 s. 6 den. ; une livre de chandelles, 10 d. ; une paire de souliers, 8 s. En 1459, les ven-

pourrait penser que ces différentes sommes n'ont été portées sur notre registre (1502 à 1620) qu'en souvenir des indemnités accordées dès le principe aux officiers de la commune. Ils percevaient encore, toutes les fois que leur concours était nécessaire à la confection des actes translatifs de propriété, une sorte de droit de lods et vente, sans préjudice de celui qui revenait à la commune (1).

Un édit royal, du mois d'août 1692, rendit vénale la charge de maire, dont la nomination fut attribuée au roi. Il ne paraît pas qu'il ait reçu son exécution à Bruyères. Mais par suite d'un nouvel édit de 1714, il fut enjoint à toutes les villes du royaume de rembourser à l'État l'office de maire, créé en 1692, et de payer au titulaire les gages de cet office sur le produit des biens communaux. La commune ne put acquitter l'impôt ; les guerres et les procès l'avaient ruinée. Alors un avocat de Laon, François Delarbre, obtint du roi, moyennant remboursement, la cession de l'office. Grand fut le mécontentement des habitants, quand il prit le titre de maire royal et perpétuel. Cependant on voit, en 1718, Louis Harent le remplacer. Précédemment, un édit de 1707 portait que les communes auraient plusieurs maires qui prendraient le titre de maires *alternatifs et triennals*. Aussi trouve-t-on plusieurs maires en fonctions dans la même commune et dans la même année.

Les privilèges, dont la commune de Bruyères était si fière, furent de nouveau restreints par deux édits d'août 1764 et de mai 1765, qui réservaient au roi le choix des maires, sur la présentation d'une liste de trois candidats choisis au sein du conseil municipal par les électeurs. Enfin un édit de juillet 1784 rétablit les communes dans le droit d'élire leurs maires. Quel-

---

dangeurs gagnaient à Bruyères, 8 deniers par jour ; les manouvriers, 1 s. ; les plâtriers et les couvreurs, 3 sols ; un charretier touchait 6 sols par jour pour lui, sa voiture et quatre bêtes. En 1560, un porc gras se vendait 5 sols. A ce sujet, voy. *Antiq. de Caen*, par Ch. de Bourgueville, p. 82.]

(1) Voy. acte de vente de 1545, page 9, note 2.

L'acheteur d'héritage roturier devait au seigneur foncier un droit de lods et ventes, qui est le douzième denier du prix principal. *(Cout. de Vermandois.)*

ques années plus tard, la révolution, en abolissant les abus de l'ancien régime et les juridictions municipales, supprimait pour toujours les institutions qui, pendant cinq siècles, avaient fait la gloire de la commune de Bruyères.

LISTE DES MAIRES DE BRUYÈRES.

1130 à 1137. Clarembaud de Foro, seigneur de Clacy, Bruyères, Barenton-Cel, maréchal du Laonnois.
1163. Robert de Bruyères, chevalier.
1194 et 95. Clarembaud II de Bruyères, chevalier. Il a pour lieutenant Jean de Noveschères.
1236. Clarembaud III de Bruyères, chevalier.
124.. Jean de Bruyères.
1261. Delluin.
1269. Clarembaud de Chivres, dit *le Camus*, seigneur du Mont de Parmaille, chevalier.
1275. Sire Pierre de Bruyères, dit *le Cornu*, beau-frère du précédent.
1281. Gérard, dit *Froment* (arbitre dans un différent entre le chapitre de Laon et le Temple).
1289. Gobert de Bruyères, écuyer, fils de Pierre.
1297. Adam de Compri, écuyer, beau-frère du précédent.
1305. Messire Beaudouin de Bruyères, dit *Briois*, écuyer, fils de Gobert.
1350. Beaudouin II de Bruyères, chevalier, fils du précédent.
1353. Jehan de la Hache, consul.
1358. Gilles Demont.
1363. Watier Bonet.
1365. Simon Pillart.
1369. Jehan de Labbye.
1373.   *Id.*
1380. Jehan de Saint-Avart.

139.. Wibert le Loistre (bienfaiteur de l'église).
1405. Le Broustier.
1406. Thiébaut Vatigny.
1409. Thiébaut Vatigny.
1414. J. le Charlier (1).
1461. Thiébaut Lequeulx.
1505. L. Torlet, notaire royal.
1506. Le Voirier.
1518. N. Prudhomme.
1520. Robert Clément.
1521. Jacques Gilbert.
1522. Antoine de May, tanneur.
1527. Robert Clément.
1530. Duchesne, notaire.
1542. Jacques Gilbert.
1543. Antoine de May.
1544. N^{as} Watelier.
1545. Jehan de l'Escluse.
1547. Antoine de May.
1548 à 1550. Gaspard Gilbert.
1551. Gilles Maruy.
1552. N^{as} Watelier.
1553 à 1557. Simon Lamy.
1558. François Malbeste, notaire.
1559. Thomas Poisson.
1560. Antoine le Moine.
1561. F. Malbeste.
1562, 1563. Simon Lamy.
1564. Jacques de Bièvres.
1565, 1566. Thomas Poisson.
1567. Jacques de Bièvres.
1568. Antoine de May.

(1) Toutes les compagnies d'archers et d'albalétriers de la province se réunissent cette année à Bruyères pour tirer le *geai*. Il en vint même d'Abbéville. (*Hist. d'Abbeville*, t. 1, pag. 309. Ch. Louandre.)

1569. Jacques de Bièvres.
1570 à 1573. Robert Bourgeois.
1574. Thomas Poisson.
1575. Claude Prudhomme.
1576. Gille Brisset.
1577, 1578. Robert Bourgeois.
1579. Gille Brisset.
1580. Robert Bourgeois.
1581, 1582. Thomas Watelier.
1583 à 1589. Charles Danye, notaire.
1590 à 1592. Malbeste.
1598. Antoine Antoine.
1600 à 1607. Charles Danye.
1608. A. Antoine.
1640 à 1645. Claude Maruy.
1652. Jacques Delancy.
1656. Rouen Sébastien.
1659. Charles Danye.
1660 à 1662. Jehan le Riche.
1664 à 1668. N^{as} Maynon.
1668. Antoine Antoine.
1669. Antoine de May.
1671. N^{as} Maynon.
1672, 1673. Jean Vieillard.
1674, 1675. Claude l'Herminier, notaire.
1676, 1677. Jacques Buvry.
1680. Michel Clément, maire juge.
1681. Jean Vieillard, *id.*
1682. Blaise Richard, *id.*
1683. Blaise Pascal, *id.*
1684. Claude Antoine, *id.*
1685 à 1687. Louis Harent, *id.*
1688. Charles Maynon, *id.*
1689 à 1693. F.-Charles Soyez, *id.*
1694. Jean Vieillard, *id.*
1696. F.-Ch. Soyez, *id.*

1697. F.-Ch. Soyez, maire juge.
1698, 1699. Charles Maynon, id.
1701 à 1706. Louis Harent, id.
1709. Sébastien Goyenval, id.
1710. L. Harent, id.
1711 à 1713. Sébastien Goyenval, id.
1714 à 1717. François de Larbre, maire royal et perpétuel.
1718. Louis Harent, maire juge.
1720. Jacques Hubert, id.
1721, 1722. Louis Antoine, id.
1723. J. Hubert, id.
1724. L. Antoine, id.
1725. J. Hubert, id.
1727. François de Larbre, id.
1729. Jacques Harent, notaire, id.
1730. Louis Prudhomme, id.
1731 à 1739. Jacques-Michel Harent, id.
1740, 1741. Louis Hochet, id.
1742 à 1748. Jacques Buvry, id.
1749, 1750. François Rétraint, id.
1751, 1752. Louis Hochet, id.
1753. Louis Hubert, notaire, id.
1754. N^{as} Maruy, id.
1755. Jean Chamberlin, id.
1756. F^{ois} Maillefert, id.
1757 et 1758. Louis Hubert, id.
1759. L. Hochet, id.
1760. Louis Hubert, id.
1761. Jean Antoine, id.
1762. L. Hubert, id.
1763. Jean Antoine, maire alternatif.
1764. Pierre Petit, id.
1765. François Dorigny, id.
1766. Pierre Petit, id.
1767. Florimond Maillefert, maire juge.
1768. François Dorigny, id.

1769. Florimond Maillefert, 1er échevin.
1770. Louis Harent, notaire,   id.
1771. Jean Antoine,   id.
1772 à 1774. Jean Rousselle, maire alternatif.
1775. Emmanuel Buvry,   id.
1776. Remy Chedeville,   id.
1777, 1778. Louis Leriche,   id.
1779. Nicolas Varlet,   id.
1780. Jean-Marie Compain,   id.
1781. Louis Hubert,   id.
1782. Toussaint Chamberlin,   id.
1783. Jean-Marie Compain,   id.
1784 et 1785. Charles-Emmanuel de Vassaut, notaire, maire alt.
1786. Nicolas Housset et Ch.-Em. de Vassaut,   id.
1787. Louis Harent, maire alternatif.
1788. Sigisbert Lecomte,   id.
1789. Charles Michel, dernier maire-juge.

NOTE SUPPLÉMENTAIRE.

Comme complément de cette notice se place naturellement ici la liste des seigneurs de Bruyères.

Le rôle important que les chevaliers de Bruyères ont joué dans la commune, leurs libéralités comme seigneurs, leur bravoure comme chefs de la milice, les services rendus comme mayeurs pendant plus de trois siècles, sont des titres sacrés à la reconnaissance du pays. Aussi avons-nous recherché, avec une persévérance extrême, les moindres traces de leur passage, afin de rassembler les membres oubliés de cette vieille et noble famille, à la protection de laquelle la commune de Bruyères doit trois siècles de prospérité et d'honneur.

1092. — CLAREMBAUD DU MARCHÉ *(Clarembaldus de Foro)*, proche parent du saint évêque Barthélemy de Vir. e que des liens de famille rattachaient au roi d'Espagne Alphonse et à la reine de France, » paraît être la souche des seigneurs de Bruyères. Il était seigneur de Clacy, Barenton-Bugny et Bruyères, et maréchal du Laonnois. Femme, Béatrix. Enfants : Clarembaud de Bruyères; Gobert de Clacy, vidame de Laon, marié à Mahaus de Quierzy; Gérard de Clacy; Sarrasin; Geoffroi; Raoul; Gauthier le Roux, qui abandonna en 1153, en faveur de l'évêque, la cure de Saint-Julien-au-Bourg.

On voit Clarembaud prendre part à l'expédition contre Ebles de Roucy en 1094.

Sous ses ordres, la milice de Bruyères se fait remarquer de Louis-le-Gros au siége de Montaigu, 1104.

On le retrouve encore avec sa vaillante troupe, soutenant le roi, en 1115, contre Thomas de Marle; en 1119, contre la Normandie; en 1130 à la prise de Coucy.

Lié très-intimement avec Gérard de Quierzy, il partage l'aversion que ce loyal seigneur éprouvait pour l'évêque Gaudry. Après de vifs démêlés avec l'évêque, il est mis à la raison en 1107. Ses vassaux prennent une vive part à l'insurrection de Laon. L'un d'eux brise la tête de l'évêque d'un coup de besaiguë. Il figure, en 1113, comme témoin, dans un acte par lequel Barthélemy confirme une donation d'Ingelran de La Fère, au profit de Saint-Vincent de Laon.

Il affranchit, en 1130, ses vassaux de Bruyères, Vorges, Chérêt et Valbon, du consentement de Béatrix sa femme, et de l'évêque son suzerain. Il est dit dans la charte que le douaire de Béatrix resterait assigné sur Bruyères et sur Chérêt.

En 1132, il essaye de porter atteinte à la nouvelle franchise; le roi intervient et termine le débat moyennant une somme d'argent.

1140. — CLAREMBAUD II, l'aîné de ses fils, lui succède comme maréchal du Laonnois, avec le titre de chevalier de Bruyères, et Gobert, le second de ses enfants, comme seigneur de Clacy. Clémence, femme de Clarembaud. Enfants : Robert de Bruyères; Helgot, dont le nom figure dans des actes de 1163 et 1170.

Clarembaud abandonne, entre les mains de l'évêque et en faveur de Saint-Vincent, la cure de Festieux en 1141.

Il paraît en 1170, avec son fils Robert, dans l'acte d'abandon des droits de justice au profit de la commune par Hector d'Aulnoy.

Il assiste en 1195, comme mayeur, à l'inauguration solennelle de l'hôpital de Bruyères, escorté de Jean de Noveschères, son lieutenant, des jurés, du doyen de Bruyères *(dei amicus)* et d'Helgot, clerc de celui-ci. L'évêque de Laon, entouré des principaux seigneurs du laonnois et d'un nombreux clergé, présidait l'assemblée.

1196. — ROBERT DE BRUYÈRES. Femme..... Enfants : Clarembaud; Emeline, mariée à Baudouin, chevalier, seigneur de Loizy; Ade, mariée à H... de Cohartille; Ida, mariée à Gobert de Bourguignon.

Le *Dictionnaire historique* fait mention d'un Guillaume, marquis de Bruyères en 1182 ? (1).

On attribue à Robert la construction du petit fort (2). Il était mayeur en 1163.

1224. — CLAREMBAUD III DE BRUYÈRES, chevalier, seigneur du Mont de Parmaille et de toute la côte plantée de vignes. Marié en premières noces à Emeline, dont il eut Réné, chevalier; en secondes noces à Jeanne de Sévigni, dont il eut : Pierre; Helvide, femme de Clarembaut de Chivres, le jeune, dit *le Camus*, chevalier. Ce dernier portait étendard à la bataille de Bouvines et se couvrit de gloire à la tête des milices de Bruyères. Il remit entre les mains du roi sept prisonniers de marque, dont l'histoire a conservé les noms.

Clarembaud de Chivres vend, en 1269, à la commune, du consentement de sa femme, 38 muids de vinage et 10 sols de cens et rentes, moyennant 400 livres parisis.

Il était alors mayeur.

En 1237, Clarembaud III de Bruyères vend au chapitre de Laon la terre de Barenton-Bugny.

Mayeur en 1236.

Cette même année, il cède à perpétuité à la commune, de concert avec Gobert de Bourguignon, son beau-frère, Hugues de Nouvion et Jean de Dunes, le droit aux pâturages et aisances totales sur tout le mans seigneurial qu'il possédait en commun sur le terroir. Il tenait ce fief de Gobert de Bourguignon, qui en avait eu l'hoirie du chef de sa femme.

Un acte de vente de 1245 nous apprend le lieu de sa résidence : « une maison vendue à la commune par Thomas Cocu, bourgeois de Laon » était située *retro muros villæ de Brueriis, contiguam manerio Domini* » *Clarembaldi militis).* »

---

(1) On voit figurer à côté des noms d'Anselme, de Raoul de Vorges, d'Ives de Chivres, celui d'un Guillaume, prévôt de Bruyères, dans un acte de 109', par lequel Enguerrand de Coucy confirme une donation par Helvia de Montaigu au profit de Saint-Vincent.

(2) Voy. *Bulletin de la Société académique de Laon*, tom. VI, page 30.

Cette même année, Beaudouin de Loisy, son autre beau-frère, vend, moyennant 41 livres parisis, à la commune, du consentement de sa femme, la portion de rouage que Bernard, dit *li Drogues*, de Bruyères, tenait de lui en fief et hommage.

En 1250, Clarembaud III donne en aumône, à l'abbaye du Sauvoir, des biens situés *in vico Thorni apud Bruerias (?)* Cet acte nous apprend que Clarembaud avait une seconde résidence près de Clacy.

1259. PIERRE DE BRUYÈRES, dit *le Cornu*, chevalier. Femme, Marie. Enfants : Gobert; Joye, mariée à Adam de Compri, écuyer; Colard; Emma, abbesse du Sauvoir, 1294, morte vers 1299.

Pierre s'engage, en 1259, après de longues contestations, à ne plus troubler l'abbaye du Sauvoir dans la jouissance des biens donnés par son père.

Mayeur en 1275.

Colard de Bruyères, témoin avec Ligier de Crépy dans un acte de 1297 « par lequel l'évêque de Laon achète la châtellenie de Laon et « la terre de Barenton-Cel », reconnaît en 1284, n'avoir aucun droit en tout le culage des terres situées dans la commune.

L'année suivante une semblable déclaration est fournie par demoiselle Joye.

Cette dame paraît de nouveau dans un acte de janvier 1297 : « Adam » de Compri, escuier, et damoiselle Joye, sa feme, fille jadis monsi- » gneur Perron de Bruiers, » cèdent à la commune les droits dont ils avaient hérité de Pierre, dans le culage des terres situées entre les chaussées de Lavergny et de Parfondru.

1289. — GOBERT DE BRUYÈRES, écuyer. Femme, Jeanne. Enfant : Beaudouin, dit *Briois*.

Gobert approuve, en 1289, une vente faite cette année, au profit de la commune, d'une mairie à Bruyères et d'une main-mairie à Chéret, par Arnoul Marandiaux, écuyer, qui les tenait de lui en fief et hommage.

Il était mayeur en 1289; son beau-frère, Adam de Compri, le remplace dans cette charge vers 1297.

1300. — BEAUDOUIN DE BRUYÈRES, dit *Briois*, écuyer. Femme.... Enfants : Beaudouin; Jacques, dont il est parlé dans une lettre de 1327 sur le vinage d'Eppes. (V. plus loin.)

Beaudouin et dame Joye, sa tante, reconnaissent, en 1305, qu'ils ont justice et seigneurie par moitié avec la commune « en la chaussiée de » Lavergni, sur le terroir de Bruières, tenant à Lavergni, à la chaussiée » vers Parfondrue, jusque aux vignes de la ville. »

Mayeur en 1305.

1341. — BEAUDOUIN II DE BRUYÈRES, chevalier. Femme, Thomasse, veuve de Jean de Bonne, écuyer, de Bruyères. Jean de Bonne vivait encore en 1327 ; il figure à cette date comme arbitre avec « monseigneur Jaque de Bruières, Jehan de la Buscaille, escuier, monsigneur Gui Sarrasin, signeur de lois, dans un débat entre la commune et Jehan, signeur d'Eppe, chevalier. »

Beaudouin reconnaît, par une lettre de 1341, qu'il est tenu de payer « une grant somme d'argent, montant jusqu'à la somme de .... livres parisis, » pour les biens qu'il possède sur la commune.

Mayeur en 1350.

Dame Thomasse, veuve de messire Beaudouin, chevalier, est taxée, en 1361, à 16 florins d'or, payables à la Saint-Martin, pour la moitié des biens qui lui reviennent dans la succession. « On ne pourra poursuivre la dite dame, ne ses hoirs, pour l'autre moitié..... Nonobstant ces présentes, li maire, jurés et habitans ont et auront saufs tous leurs droits, pour cause des dis arrérages et des dis tailles, contre les hoirs du dit feu messire Baudouin et autres à lui il appartient et peut appartenir. »

La descendance mâle des seigneurs de Bruyères paraît s'être éteinte en la personne de Beaudouin II.

Faut-il rattacher à cette famille les personnages dont les noms suivent ? Nous les citerons plutôt comme enfants du pays :

1° *Thierry de Bruyères*, un des six bourgeois de Laon chargés de recueillir, conjointement avec huit chanoines de la ville, les aumônes de France, d'Angleterre et de Flandre, pour la reconstruction de la cathédrale, 1113 ;

2° *Jean de Bruyères*, mayeur de Laon, en 1253 et 1276 ;

3° *Thomas de Bruyères*, abbé de Saint-Vincent, de 1256 à 1264. Sa mère s'appelait *Forca*.

4° *Guy de Bruyères*, abbé de Saint-Vincent de 1270 à 1284, fils d'Herbert de Bruyères et d'Havide. Il a composé, en 1296, un recueil d'homélies ;

5° *Jean de Bruyères*, abbé de Saint-Victor de Paris, 1350 ;

6° *Jean de Bruyères*, abbé de Saint-Martin, de 1333 à 1347 (suiv. Leleu) ;

7° *Jean de Bruyères*, abbé de Vauclerc, en 1419 ; mort en 1445. Il était l'oncle de messire Saint-Anstrude, de Bruyères, écuyer et fieffé du seigneur de Montchâlons ; (les titres de la commune, du XIII° au XV° siècle, mentionnent souvent le nom de Saint-Anstrude) ;

8° *Renaud de Bruyères*, abbé de Thenailles vers le milieu du XV° siècle ;

9° *Thomas de Bruyères*, abbé de Saint-Pierre-au-Mont, de 1442 à 1446.

Vers 1370, le titre de seigneur de Bruyères passe à la famille de Moy, probablement par suite d'alliance, ou peut-être à cause de quelque fief ou mairie de ce nom. Quoi qu'il en soit, Tristan de Moy, seigneur de Parfondru, en 1370, et Jehan de Moy, prévôt de Laon, son successeur, en 1380, s'intitulent seigneurs de Bruyères.

Tristan II de Moy prend ce titre, de 1392 à 1408.

Le domaine de Parfondru étant passé dans les mains des Riencourt, il n'est plus question de la seigneurie de Bruyères. Cependant, dès les premières années du xvie siècle, Jacques de Riencourt, lieutenant-général des gens d'armes du roi, tente de s'emparer de la justice de Bruyères. Il fait dresser ses fourches patibulaires au milieu des terres de la commune; mais pour en faire l'inauguration, il ne lui manque qu'un criminel. Heureusement, ses officiers de justice n'attendront pas longtemps : un habitant de Parfondru *s'estoit désespéré et de soy mesme pendu à ung arbre, estant près d'illec;* son procès est bientôt fait : le suicidé est détaché, puis rependu haut et court au gibet. Grand émoi des justiciers de Bruyères; procès et sentence de 1524 qui condamne Jacques de Riencourt à mettre bas ses fourches patibulaires.

Un Jean-Jacques de Foucaut, époux de Marie de Foucaut, fille de Robert de Toulis, porte, en 1670, le titre chimérique de seigneur de Bruyères. Il était peut-être fils de Louis de Foucaut, seigneur de Parfondru, en 1664.

D'autres ont encore ajouté cette qualité à leur nom. Nous ne citerons qu'Antoine-François de Récourt, en souvenir de la bienfaisance et des bonnes œuvres de sa sœur Marie-Jeanne Remie, dont la mémoire est restée chère aux habitants de Bruyères (1).

Nous arrivons au comte César d'Estrées, un vrai seigneur de Bruyères, entre les mains duquel le titre ne fut pas un vain mot. En 1656, les habitants de Bruyères lui abandonnèrent leurs droits de fief et de justice (moyennant une somme de 10,000 livres, dit-on). Il est présumable que, très-appauvris par les procès qu'on leur suscitait de toutes parts, à cause de leur seigneurie et non moins fatigués des logements de guerre, ils voulurent se mettre sous la protection du comte d'Estrées, lieutenant général aux armées du roi, gouverneur de l'Ile-de-France, des villes de Laon et Coucy, etc. C'était dégénérer de la noble ambition de leurs pères. Aussi les habitants de Vorges et de Chérêt leur donnè-

---

(1) Contrat de mariage de François de Récourt, seigneur en partie de Bruyères et Chérêt, et de Marie-Anne-Thérèse Fremyn, passé le 15 avril, devant Me Michault, notaire à Reims.

rent une leçon de courage en refusant leur consentement. En conséquence, César d'Estrées ne put se dire seigneur que de la seule ville de Bruyères. Il y fit son entrée en cette qualité le 4 juillet 1657, après avoir institué des officiers pour rendre la justice en son nom (1). Cet état de choses dura près de neuf ans. Il y avait des lois qui autorisaient les communautés à rentrer dans les biens qu'elles avaient aliénés. Les habitants de Bruyères s'en prévalurent en 1665, alors que le comte sollicitait vivement l'investiture féodale. En vain essaya-t-il de les effrayer de son crédit, ils furent inébranlables dans leur résolution et se firent rétablir dans leurs anciens droits. Il fallut payer une forte indemnité ; mais ils s'y résignèrent avec d'autant plus d'empressement qu'ils étaient revenus à des sentiments dignes de leurs ancêtres :

Patrios renovare decet honores.

---

(1) Voy. lettres-patentes de Louis XIV, septembre 1657, portant érection en vicomté de la terre de Bruyères. (*Arch. imp*, A. 1. sect. jud. parl. de Paris.)
Voy. arrêté du 1er mai 1657, au nom du comte, entre autres défenses, « celles de chasser à cheval, à pied, avec chiens courants, sous peine de 24 livres parisis ; de porter armes à feu ; de laisser courir les porcs dans les rues ; de déposer, sous peine de 8 livres parisis, des fumiers sur les places, dans le petit fort, dans les rues de Laon et de Reims ; de blasphémer le saint nom de Dieu ; d'aller boire dans les cabarets pendant le service divin sous peine de 60 sols parisis ; de vendre à faux poids et à fausse mesure).

(*Arch. communales.*)

Ch. HIDÉ.

Laon, le 10 Décembre 1   .

Laon. Imprimerie de Éd. FLEURY

www.ingramcontent.com/pod-product-compliance
Lightning Source LLC
Chambersburg PA
CBHW060508050426
42451CB00009B/881